ビブリオバトル ハンドブック
HandBooK

ビブリオバトル
普及委員会
【編著】

子どもの未来社

ビブリオバトル ハンドブック
CONTENTS

第1章 ビブリオバトルって何？

ビブリオバトル公式ルール …………………………6
ルールの補足 ………………………………………8
ルール①　なぜ自分で本を選ぶのか？ ……………10
ルール②　なぜ5分なのか？ ………………………12
ルール③　ディスカッションの必要性 ………………14
ルール④　チャンプ本を決めるわけ ………………16
楽しいビブリオバトルにするために ………………18

第2章 ビブリオバトルいろいろ

さまざまなシーンでのビブリオバトル ……………20
コミュニティ型 ………………………………………21
イベント型 …………………………………………22
ワークショップ型 ……………………………………23
初めてのビブリオバトル ……………………………24
開催例●書店 ………………………………………25
　　　　図書館 ………………………………………28
　　　　大型イベントスペース・ライブハウス ………30
　　　　地域 …………………………………………32
　　　　商店会コンソーシアム ………………………34
　　　　美術館 ……………35　　英語 ……………40
　　　　カフェ ………………36　　ＳＦ ………………41
　　　　居酒屋 ……………37　　山頂 ……………42
　　　　家族 ………………38　　河原 ……………43
　　　　古民家 ……………39　　着物 ……………44
自分流・ビブリオバトルの楽しみかた ………………46

第3章　学校でビブリオバトル

学校でおこなうまえに……………………………… 48
開催例●小学校 ……………………………………… 54
　　　　中学校 ……………………………………… 56
　　　　高等学校 …………………………………… 58
　　　　大学 ………………………………………… 60
　　　　留学生 ……………………………………… 62
　　　　児童センター・子育て支援施設 ………… 64

第4章　ビブリオバトル Q&A

Q1　どんな本を選べばいいの？ ………………… 68
Q2　どんなタイマーをつかえばいいの？ ……… 70
Q3　どうやって5分をつかえばいいの？ ……… 72
Q4　投票方法にはどんなものがあるの？ ……… 74
Q5　ビブリオバトル・カードとは？ …………… 76
Q6　イベントの人集め方法は？ ………………… 78
Q7　子どもに体験させるには？ ………………… 80
Q8　ビブリオバトルをみんなに見てもらうには？ …… 82
Q9　ビブリオバトル普及委員会に入るには？ … 84
ビブリオバトルをより理解するために …………… 86

第5章　マイ　ビブリオバトル ……………… 87

あとがき ………… 94
執筆者一覧 ……… 95

マスコットキャラクターのチャンプくん

▼本書のつかいかた
　ビブリオバトルは、小学生から大人まで、だれでもできる本の紹介コミュニケーションゲームです。まず第１章のルールをしっかりご確認ください。そして、第２章からの豊富なビブリオバトル開催例やＱ＆Ａをご参考にしていただき、楽しいビブリオバトルをおこなってみましょう。第５章「マイ　ビブリオバトル」は書き込み式になっていますので、参加したビブリオバトルの記録ノートとしてご活用ください。コピーしてもご利用できます。

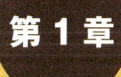

第1章

ビブリオバトルって何？

ビブリオバトル公式ルール

　ビブリオバトルは、お気に入りの本を紹介しあうゲームで、知的書評合戦ともいわれています。ルールはいたって簡単で、たったの4つだけ！「ビブリオバトル」と名前がついたものはすべて、このルールに則っておこなわれます。

❶ 発表参加者が、読んでおもしろいと思った本を持って集まる。

❷ 順番に、1人5分間で本を紹介する。

❸ それぞれの発表の後に、参加者全員で、その発表に関するディスカッションを2〜3分おこなう。

❹ すべての発表が終了した後に、「どの本が一番読みたくなったか？」を基準とした投票を、参加者全員1票でおこない、最多票を集めたものを『チャンプ本』とする。

第1章 ●ビブリオバトルって何？

❶お気に入りの本を持ち寄って

❷5分間で発表

❸みんなで2〜3分の
　ディスカッションをして

❹みんなが読みたくなった本が
　チャンプ本に！

なるほど
なるほど…

ルールの詳細

ルールには、ビブリオバトルを楽しくおこなうための詳細な説明があります。

◆紹介するお気に入りの本は、必ず自分で読んで選んだ1冊にする。

◆発表順は公平に、ジャンケンやくじなどで決める。

◆原稿やレジュメなどは用意せず（メモ程度ならOK）、できるだけ、ライブ感をもって発表する。

◆5分を超えての発表や、途中で終了してしまうのはルール違反。参加者（聴衆）からも見えるようにパソコンのカウントダウンタイマーなどをつかい、終了時にはベルなどで合図をする。

◆発表やディスカッションタイムがスムーズにいくように、司会役を決めておくとよい。

◆ディスカッションタイムでは、質問する人は発表者をからかうような質問や批判、自分自身の意見表明をしない。またコンパクトに質問する。

◆質問が多い場合にはディスカッションタイムを多少延長しても構わないが、当初の制限時間を大幅に超えないように運営する。

◆発表がよかったか…ではなく、発表を聴いてどの本が読みたくなったかで投票する。

◆発表者は自分以外の人が紹介した本に投票する。

◆チャンプ本は参加者全員の投票で民主的に決定され、一部少数の教員や司会者、審査員などによって決定されてはならない。

ルール①
なぜ自分で本を選ぶのか？

ビブリオバトルの大前提は、「**自分が読んでおもしろいと思った本を選ぶ**」ことです。それによって、紹介した人がどんな人なのか、他の人が気づくきっかけを与えます。つまり、〈**本を通して人を知る**〉ことができるのです。

他人（ひと）の家に行って本棚を見たときに、「わぁ、この本、おもしろそう。読んでみたいなぁ～」と思ったことがありませんか。また「おっ、こんな本があるぞ。意外だなぁ。この人、そういう趣味があるのか」とか……。その瞬間、並んでいた本棚の本が、その人を語っていたわけです。ビブリオバトルでも同じようなことが起こります。自分が選んだ本についてあなた自身が語るとき、その本があなた自身のことを語ることにもなるでしょう。

そして、ビブリオバトルは本との出会いの場でもあります。あらかじめ決められた本を紹介するのではなく、発表者がどんな本を紹介するのか、みんながワクワクドキドキする場でもあるのです。そう、〈**人を通して本を知る**〉こともできるのです。

学校などの教育現場では、発表する本を先生が選んだり、課題図書などを限定したりと、教育的効果ばかりを期待しがちです。そんな落とし穴にはハマらないよう、

気をつけましょう。(詳しくは48頁をご覧ください)

　ビブリオバトルで発表する本を限定してしまったら、多様な世界の本に出会える可能性や楽しみが失われてしまいます。それに、発表者の人柄も見えてこないでしょう。その本と出会ったときに、「なるほど……」と感心したり、「えぇ‼」と驚いたり、感動して涙を流したり、そんな気持ちを人に伝えられるのが、ビブリオバトルなのです。

　〈本を通して人を知る　人を通して本を知る〉ことができるビブリオバトル、大いに楽しんでやってみましょう。

（粕谷亮美）

本を通して人を知る

人を通して本を知る

ルール②
なぜ5分間なのか？

　発表時間の5分間は、きっちりと守るのがルールです。早く終えてしまったり、時間をオーバーしてはいけません。発表者にとってその5分間は、だれにもじゃまをされず、自分の好きな本のことについて、好きなように話していい時間です。本の内容を話すだけでなく、その本との出会いを語ったりすれば、発表者自身のことを語ることにもなるでしょう。

　発表時間を示すカウントダウンタイマー（70頁参照）を使うことで、発表者だけでなく、参加者（聴衆）にとっても、手に汗を握る時間となります。まるでスポーツを観戦しているような感覚で、書評合戦を楽しむことができるのです。

「5分間は長すぎる。そんなに話せない〜」というあなた！　少なくとも3回はビブリオバトルに挑戦してみましょう。ビブリオバトルで何度も発表すればするほど、5分間で話す感覚がつかめてきます。そのうちに、聴いている人の表情を見て、話をふくらませたり、途中で切り替えたり……。持ち時間をうまくアレンジすることが楽しくなっていき、知らないうちにスピーチ上手になってしまうかもしれません。

　5分間より長い発表時間だと、聴いているほうはだんだんと疲れてきます。途中で時間切れになっても時間を

5分きっかりがルールだよ

のばさずに、正確に5分間を守ることがゲームの楽しさにつながります。

　小学校などの子どもがビブリオバトルをおこなうときには、語彙力や発話能力、集中力の限界もあり、5分間の発表がむずかしいケースがあります。その場合、発表を3分間でおこなうミニ・ビブリオバトルも認められています。バスケットボールに対して、ミニ・バスケットボールがあるようなものです。その場合には必ず「正式なルールは5分間の発表時間である」ことを説明してからおこなってください。

(粕谷亮美)

5分間、話せるって、楽しい!

ルール③
ディスカッションの必要性

　ビブリオバトルではそれぞれの発表のあと、参加者全員でその発表についてディスカッションすることになっています。2～3分程度の短い時間ではありますが、とても大切な時間です。ビブリオバトルは本を通したコミュニケーションゲームです。そして、ここでいうところのコミュニケーションは「双方向」である必要があります。自分の感想を一方的に主張して押しつけるような乱暴な場所ではないのです。ディスカッションの時間はこの「双方向」を実現するために設けられています。

　聴衆（参加者）にとっては、後から質問の時間が確保されていることで、発表者の話により真剣に耳を傾けることができるようになります。発表者は、聴衆からの質問によって、彼らがどんなことに興味を持ったかを知ることができます。そして、それを踏まえて自分の話を補足することもできます。

　発表者にとって聴衆からの質問は、「あなたの話をちゃんと聴いていましたよ」というメッセージにもなります。質問者の中にときどき、自分の知識や経験を披露したいがために、無理やり論点をずらして語りだす人がいます。このような一方通行の質問は望ましくありません。

　ディスカッションの目的は双方向の平和的なコミュニケーションを実現することであって、ディベートのよう

質問タイム！

に相手を理論によって打ち負かすことではありません。公式ルールの補足で、からかうような質問や批判が禁止されているのはこのためです。学校の授業などで実施されるビブリオバトルでは、先生だけに質問を許可するという誤（あやま）った事例を見かけることがあります。これも「ビブリオバトルはみんなのための場所」という精神に反しているので望ましくありません。「参加者全員が参加できる双方向コミュニケーションの場」を提供することによって、ビブリオバトルのよさを最大限に引きだすことができるのです。

　発表者にとって、5分プラス2〜3分はとてもバランスのよい組み合わせです。5分間の発表では、聴衆が発表者に注目して耳を傾けています。いわば発表者が「主役」の時間です。このとき発表者と聴衆は、個人差はありますが、ある程度の緊張感のある状態におかれます。そしてディスカッションの時間は、その緊張がとかれ、比較的リラックスした状態で望むことができます。この緊張と緩和の組み合わせのリズムが参加者に心地よさを与え、ゲームをよりおもしろくするのです。　　（須藤秀紹）

ルール④
チャンプ本を決めるわけ

　ビブリオバトルを始めたばかりのコミュニティでは、チャンプ本を決めることに少し抵抗があるケースもみられるようです。学校の授業での実施でも同様の声が聞かれることがあります。「チャンプ本を決める」ことは、ビブリオバトルというゲームを成立させる上で重要な要素です。最も魅力的な発表をした人は、チャンプ本獲得者として宣言されることによって、それ以外の人は敗れたことの悔しさによって、もう一度チャレンジしたいという気持ち（モチベーション）が喚起（かんき）されるのです。

　チャンプ本を決めることに抵抗がある人の典型的な意見として「負けた人がかわいそう」というものがあります。でもビブリオバトルの公式ルールには、勝てなかった人への配慮もちゃんと盛り込まれているので心配は無用です。ビブリオバトルでは、発表者ではなく「本」に対して投票をします。つまりルール上、勝つのは発表者ではなくて、紹介された本なのです。当然、負けたのも発表者ではなくて、自分が紹介した本ということになります。勝ったときには「自分の発表がよかったから勝てた」という満足感が得られ、負けたときには「紹介した本がイマイチだった」という気持ちの逃がし場所がある、それがビブリオバトルのすごいところなのです。

　「チャンプ本を決める」というルールについて、少し

> われはチャンプ本なり!

だけ関連のある話を紹介しておきます。「遊び」について研究したロジェ・カイヨワ※は、遊びに含まれる重要な要素として、「競争」「運」「模擬」「めまい」を挙げています。参加者全員の投票によってチャンプ本を決定することは、この「競争」にあたるわけです。

でも、実はそれだけではないのです。どんなに魅力的な発表をしたとしても、そのとき集まった聴衆（参加者）の好みによっては、あまり票が得られないことがあります。ライバルたちの調子によっても結果は左右されるでしょう。これってまさに「運」の要素だと思いませんか。

「めまい」は、ジェットコースターに乗ったときの恐怖からくる緊張感でたとえられることが多いです。発表時の緊張はもちろん、投票の行方を見守るときの緊張感もこの「めまい」を演出しているといえるでしょう。

このように、投票によりチャンプ本を決めるというルールによって、ビブリオバトルは魅力的な「遊び」として成立するのです。　　　　　　　　　　（須藤秀紹）

※ロジェ・カイヨワ（1913〜1978年）
　フランスの文芸批評家、社会学者、哲学者。

楽しいビブリオバトルにするために

盛り上がろうよ！

発表者

　ビブリオバトルでの発表時間の主役は発表者です。自分のお気に入りの本について、思うまま、存分に、5分間を使い切ってください。ライブ感の楽しさがビブリオバトルのよさですので、聴いている人のようすを見ながらリラックスして楽しみましょう。

参加者（聴衆）

　参加者は発表を聴くだけでなく、ディスカッションタイムでは発表者に質問し、チャンプ本の投票をする役割が求められています。うなずきながらよく聴いて、発表された本がどんなにおもしろいかを引きだすような質問をしてみましょう。ディスカッションタイムが盛り上がるほど、ビブリオバトルもより楽しくなります。

主催者

　主催者は、すでにビブリオバトルを体験したことのある人が望ましいでしょう。実際に発表をしたり、質問したりする体験を経て、ビブリオバトルの楽しさのポイントをつかんでから開催することで、楽しいイベントになること、まちがいなし！です。また、主催者はビブリオバトルをスムーズに進行させるために、司会役を立てることもあります。参加者にルールをしっかり説明し、質問を促し、チャンプ本の投票までをスムーズに進めるキーパーソンとして、活躍してもらいましょう。

第2章

ビブリオバトルいろいろ

さまざまなシーンでの ビブリオバトル

どんなものがあるのかな

　ビブリオバトルは、2007年に京都大学の研究室から生まれました。その後、「ビブリオバトルを全国に広めよう！」という有志が集まり、2010年にはビブリオバトル普及委員会（任意団体）が設立され、公式ウェブサイト（http://www.bibliobattle.jp/）も開設されました。ウェブサイトには現在、全国各地よりビブリオバトルの開催情報が寄せられています。

　開催場所は、学校や図書館、書店だけでなく、カフェやライブハウス、居酒屋、河原、山頂、古民家など……。その他にも、同窓会や企業研修、婚活イベントや結婚式での開催例まであります。また、SF好きが集まるビブリオバトルや、着物を着て楽しむビブリオバトルなど、参加者を限定したり、テーマを限定しておこなうこともあります。

　主な開催方法は、以下の3つがあります。
① **少人数によるコミュニティ型** (21頁)
② **参加者(聴衆)を集客しておこなうイベント型** (22頁)
③ **複数テーブルによるワークショップ型** (23頁)

　さまざまなシーンに合った方法で、楽しいビブリオバトルを開催してみましょう。

コミュニティ型

3人以上集まっておこなう、少人数のビブリオバトルです。ビブリオバトルが生まれた大学の研究室でのビブリオバトルは、まさにこのスタイルです。友人同士や家族、職場の同僚同士など、ごく限られた人数でおこなえます。

ビブリオバトルでは、5分間の発表と2〜3分間のディスカッションタイムがありますから、1人につきだいたい8分間かかります。それにチャンプ本の決定の時間などを加えたものが所要時間となります。たとえば5人の発表者だと40分＋αで、多めに考えても50分間で1ゲームを終えることができるでしょう。どのような開催方法でも、約8分×人数＋αを目安としておこなうとよいでしょう。

コミュニティ型ならば、参加者全員が気楽に発表者になることができます。かかる時間を考えたり、発表したい人数によって、臨機応変にビブリオバトルをおこなってみましょう。聴衆として参加しても、ディスカッションタイムでの質問やチャンプ本の投票ができるので、十分に楽しむことができます。

イベント型

　書店や図書館などでは、イベント型のビブリオバトルがよくおこなわれています。何名かが前に出て本の紹介をするスタイルで、進行役としての司会者が必要です。また、参加者全員にカウントダウンタイマーを見えるように配置することで、会場の一体感が高まります。

　書店や図書館以外にも、イベントスペースやライブハウス、カフェ、美術館など開催場所も多種多様で、高等学校や大学などでは文化祭のイベントとしておこなっているところもあります。

　各都道府県から地区の予選大会でチャンプ本に選ばれた大学生による大規模なビブリオバトルの大会も2010年から開催されるようになり、参加する大学は年々増えています。また、2014年は「全国高等学校ビブリオバトル」も開催され、全国9ブロックの予選のあと、決勝大会がおこなわれました。

　とはいえ、そのような大きなイベントばかりがビブリオバトルではありません。お気に入りの1冊とカウントダウンタイマーさえあれば、**「いつでも・どこでも・だれとでもできるのがビブリオバトルである」**ことをお忘れなく！

第2章●ビブリオバトルいろいろ

ワークショップ型

　全員参加形式のイベントや学校などでクラスの全員がいっせいにおこなうことができるビブリオバトルです。全員を4〜6名のグループにわけておこなう方法ですが、参加人数が割り切れない場合もあります。その場合は1名少ないグループをつくるなどの方法で調整します。全員参加なので、コミュニティ型と同様、気楽に発表できます。

　参加人数が多いので、全員がカウントダウンタイマーを見ることができるように、プロジェクターでスクリーン（壁や黒板、ホワイトボードなどでも代用可）に残り時間が表示できるとよいでしょう。また、イベント型と同じように、参加者とは別に進行係としての司会役を立てると、スムーズにおこなうことができます。

　以上、主な三つの開催方法をご紹介しました。どのビブリオバトルでも、終わったあとに参加者同士で話すことができる時間を設けることをおすすめします。発表された本の話をきっかけにして、話したことのない人とも大いに盛り上がります。それこそ、コミュニケーションの輪を広げるビブリオバトルの醍醐味といえるでしょう。

初めてのビブリオバトル

　私は小さな会社に勤めている30代の会社員。毎日仕事に追われる日々で、目がまわるほど。先日、ようやく新入社員が入ってきて、歓迎会をすることに……。上司から幹事を仰せつかり、新人くんにそれを伝えたら「先輩、ぼくはみんなのことを知らないので、ビブリオバトルをしませんか？」って。人前でお気に入りの本の話をするなんて……やったことないけど、もしかしたらおもしろいかも！

　さて当日、わが部5名＋新人が集い、みんなドキドキで席につくと、「ではルールを説明します」と新人くん。ジャンケンで順番を決めたら、なんと……私は1番で、出だしはチョー緊張。でも、大好きなミステリーの本のことなので、ついついしゃべりすぎちゃった。質問タイムで上司から「そのあと、どうなるの」って聞かれ「それは読んでからのお楽しみでーす！」とこたえたけど、この本に興味をしめしてくれたのかなー？　次の番はその上司で、紹介本は空の写真集。ほぉ、意外とロマンチスト。そのあと経済や料理の本、詩集などが紹介され、ラストの新人くんは、今ハマっているというマンガを紹介。「では、一番読みたくなった本を指さしてください」ということで、チャンプ本は料理の本に決定。やっぱり、すごくおいしそうだったもの。そのあとは本の話で大盛りあがり、次回もやろうということに。よし！　今度はあの本で挑戦しよっと。

開催例 書店 その1 紀伊國屋書店

　紀伊國屋書店とビブリオバトルの出会いは2010年に遡ります。大阪の本町店での初開催、東京都主催第1回大学生大会の予選開催に始まり、全国各地の店舗でのイベント開催や図書館での開催運営のお手伝いなど、さまざまな活動をしています。その中心となるのが新宿南店で、2011年より1、2か月に一度のペースで定期的に開催しています。1回で原則3ゲーム（紹介者15名）開催し、うち1ゲームはテーマを設定。観戦席は30席程度用意しており、参加無料、入退場は自由です。その年のチャンプ本獲得者を招待してのオールスターゲームも、12月には恒例となりました。

　書店という場所柄、出版社の方が多く出場されるのも特徴の一つとなっています。制作秘話など、ここだけの話も聴けるかもしれません。紹介された本はイベント時に販売するほか、店内専用棚に一定期間展示します。紹介者のみなさんには毎回POP作成をしていただくので、熱い手書きのメッセージも必見です！　紹介者の方にとっても、自分の紹介する本のPOPで本が販売されている実感があり、とても好評です。本の作り手、売り手、読み手の枠を超えた交流が魅力のビブリオバトルに、ぜひ参加してみませんか？
　開催情報は、紀伊國屋ウェブストア イベント情報・特集情報からどうぞ。
　http://www.kinokuniya.co.jp/　　（瀬部貴行）

紹介した本のPOPが書けるんだよ！

開催例 書店 その2 書斎りーぶる

開催場所●書斎りーぶる（福岡市中央区天神）
参加人数●30名（発表者5～10名）
主 催 者●書斎りーぶる

継続は、力なり！

　2013年2月、九州の書店による初の公式ビブリオバトルを開催しました。この回は、**古民家×ビブリオバトル**とのコラボで、以降は定期的に隔月開催しています。2013年11月からは**りぶリオバトル**という名前で開催し、現在に至っています。当初は毎月開催も考えましたが、まだまだ福岡では認知度が低く、発表者の確保がむずかしいこともあって、隔月開催となっています。

　とはいえ、毎回新しいバトラー（発表者）が登場したりします。また土曜の午後の開催が定着し、ビブリオバトル終了後におこなう店内での交流会、その後の懇親会まで参加する人数が徐々に増えてきました。ビブリオバトルによって、大人の知的コミュニティが生まれたことが最大の成果でしょう。今後は、エキシビション的なビブリオバトルを隔月開催できるような企画を考えています。例として、地方紙記者対抗バトルやローカルアイドルビブリオバトルなど、従来の企画ではおよそ店に来ない層も来てもらえるかもしれません。書店で開催する意義を再度検討し、さらに多くの書店でも開催できるように活動していきたいと考えています。　　　　　　（林鉄郎）

開催例 書店 その3 有隣堂

　有隣堂は横浜に本店を置く書店です。ほぼ月一回、東京や神奈川を中心に各店舗内や店舗のあるビルのイベントスペースなどで**ビブリオバトル in 有隣堂**を開催しています。ビブリオバトルに魅せられた常連バトラーの方から、初めてビブリオバトルを体験する方まで、年代も職業もさまざまな方が集い、ゆるくなごやかに本と人との出会いを楽しんでいます。

　時には本にこだわらず、おすすめ文房具やご当地名物バトルなど異色の組み合わせやカフェでの開催、本拠地横浜にちなんだ企業や団体とのコラボ企画など、さまざまなチャレンジを続けています。これまでのようすは、開催レポートブログと YouTube 動画でご覧いただけます。そして今後の開催情報を有隣堂ホームページやツイッター、フェイスブックページでチェックしてお気軽にご参加ください。　　　　　　　　　　　（市川紀子）

ビブリオバトル in 有隣堂 情報ページ（有隣堂ホームページ内）
http://www.yurindo.co.jp/storeguide/24993

お問合せ：（株）有隣堂ビブリオバトルプロジェクトチーム
Tel：045-825-5562
E-mail：yurinbiblio@yurindo.co.jp
http://www.facebook.com/BibliobattleinYurindo

老若男女、集まれ〜！

開催例

図書館（奈良県立図書情報館）

開催場所●奈良県立図書情報館　2階エントランスホール
参加人数●20〜40名程度（発表者6名）
主 催 者●奈良県立図書情報館ビブリオバトル部
　　　　　　（共催：奈良県立図書情報館）
対戦方法●各回、設定されたテーマに沿った本をもちより、6名の発表者がジャンケンで発表順を決め、順次発表。観覧者を含め、挙手で投票し、チャンプ本を決定。

　2011年3月に全国の公立図書館で初めてビブリオバトルを開催した奈良県立図書情報館では、基本的には毎月1回、コンスタントに開催を続け、2015年1月には、50回の記念大会を開催しました。

　開催にあたっては、当館の他のイベントに参加していた有志が集まって生まれた、ゆるやかなビブリオバトルコミュニティ**（奈良県立図書情報館ビブリオバトル部）**が、各回の開催日、テーマなどを決め、自主的に運営しています。メンバーは、学生、サラリーマン、フリーランスのデザイナー、自営業者など多彩で、年齢も10〜50代と幅広く、各々のスキルや体験を活かし、チラシの作成や当日の受付、司会など、互いにフォローし合いながら進めています。また、コミュニティは出入り自由で、代表や会則もなく、「やれる人が、ゆるく、ゆっくりやる」というスタンスが貫かれています。

　当館のビブリオバトルは、もともとのかたちを保持しながら、より広範な人々とコミットメントできることが

特徴の一つです。たとえば、毎年4月には、地元の書店商業組合とタイアップし、本とバラを贈り合う日とされている「サン・ジョルディの日」にちなんで、県内書店の書店員によるエキシビションマッチを開催。また**暁天ビブリオバトル**と銘打ち、近隣の寺院（大安寺）の本堂を会場に、朝のお勤めを体験し、早朝ビブリオバトルをおこなっています。また、プロダクトデザイナー、マスコミ関係者などといった職業的な括りでエキシビションマッチをおこない、通常のビブリオバトルとは違った本や人との出会いを演出しています。

「ゆるく、ゆっくり、長く」続けていくために、枠組みはシンプルに、無理のない運営をし、コミュニティができない部分は、館がフォローしながら毎回の開催にのぞんでいます。タイマー以外に特別な道具はありません。チャンプ本獲得者には、部員でもあるデザイナーがつくったチャンプ本メダルが贈られるとともに、本型トロフィーに名前とチャンプ本の書名を記し、持ち回りしています。終了後には交流タイムを設けて、発表者、聴衆、部員が本を知り、人に出会う場となっています。この時間はたいへん重要で、ビブリオバトルが掲げている〈**人を通して本を知る　本を通して人を知る**〉の真髄がそこにこそあると思います。

（乾聰一郎）

開催例 ## 大型イベントスペース・ライブハウス

開催場所●東京カルチャーカルチャー（運営：ニフティ株式会社）
参加人数●約80名（発表者9名）
企　画●Tokyo Biblio　**協力**●ビブリオバトル普及委員会
対戦方法●第1ゲームは事前に予選を勝ち抜いた5人の社会人による決勝戦。第2ゲームはゲスト4人に第1ゲームの勝者を足した5人によるゲストバトル。
ゲスト●東えりか（書評家）、岡田育（編集者・文筆家）、早川いくを（著作家・書籍デザイナー）、安村正也（第1回ビブリオバトル社会人大会覇者）
参加費●前売り1,500円、当日2,000円（どちらも飲食代別）

　社会人を対象にしたトーナメント形式の大会は2012年まで開催されていませんでした。そこで2013年8月に、都内各地で開催されたビブリオバトルでチャンプ本に選ばれた社会人たちをライブハウス「阿佐ヶ谷ロフトA」に集めて、その中からチャンプ本を決める決勝戦と、作家や落語家などのゲストによるビブリオバトルを開催しました。

　その第二弾として2014年5月にニフティ株式会社が運営するイベントスペース「東京カルチャーカルチャー」で「ビブリオバトル社会人大会決勝戦！at東京カルチャーカルチャー」を開催。予選会は紀伊國屋書店新宿南店、有隣堂伊勢佐木町本店、八重洲ブックセンター本店の3ヵ所の書店と、神楽坂の日本出版クラブ会館を中心に開催された「レラドビブリオテック」、西荻窪で開催された「ドンと行こうぜホンダラ大作戦！　第2弾古

本市編」の2ヶ所のブックイベントの合計5回の開催でした。

　さまざまな場所で予選会を開催することで多様なコミュニティへの告知効果があり、さらにそれぞれのコミュニティの枠を超えた参加者同士の交流が生まれるという効果がありました。知名度のある大型イベントスペースやライブハウスでの大会の開催は、大人のビブリオバトルファンたちのモチベーションを高め、参加者たちのSNSからは予選通過を目指して真剣にビブリオバトルに取り組むようすが窺われました。

　また、発信力の高いゲストを招いてのビブリオバトルを同時開催することによって、そのゲストだけでなく、ゲストを取り巻くファンたちにもビブリオバトルのことを知っていただく機会となりました。　　　　（亀山綾乃）

東京カルチャーカルチャー
（運営：ニフティ株式会社）

開催例 地域（ビブリオバトル北海道）

　ビブリオバトル北海道の母体は 2011 年 3 月に誕生したビブリオバトル札幌です。北海道内でのさまざまなイベント開催を経て、2011 年 11 月にビブリオバトル北海道として活動を開始しました。その役割は「北海道内のビブリオバトルの普及促進と開催団体の支援」です。道内の教育機関や図書館からの依頼に応えて、ワークショップの開催や講演をおこなっています。また、道内で新たにビブリオバトルの団体を立ち上げようとしている社会人や学生の支援や、その後の運営の支援・連携も重要な役割です。そしてこれらの団体同士のネットワークを構築し、仲間の輪を広げていくことを目指しています。その一つ、**さっぽろビブル**は札幌市を拠点として活動している老舗の社会人サークルです。定期的に魅力的なイベントを開催して仲間を増やしています。

　また道内ではもっとも古くから活動している**ビブリオバトル室蘭（ビブ部）**は室蘭工業大学の学生サークルで、学内での定期開催に加えて、地域商店会との連携も積極的におこなっています。この活動が評価されて、2014 年 3 月には、「産業界のニーズに対応した教育改善・充実体制整備事業（文科省）北海道・東北ブロック学生発表会」で準優秀賞（第 3 位）を受賞しました。そして 2013 年には室蘭市を中心に活動する社会人サークル**いぶりびぶりぶ♪**も誕生しました。

第2章 ● ビブリオバトルいろいろ

　室蘭工業大学では、2011年より留学生向けの日本語授業にビブリオバトルを導入して継続的に実施しています。そこでは、公式ルールに加えて「紹介する本は母国語でもよいが、発表は日本語で」というルールを追加しています。自分たちの国の文化を伝えたいという気持ちが強いモチベーションになって表現力の向上に効果を上げています。2012年には大葉大学（台湾）でデモ授業をおこない、2014年には協定校である華中科技大学（中国）で日本語によるビブリオバトルが実施されました。また2013年からは、協定校であるロイヤルメルボルン工科大学（オーストラリア）の来日に合わせて、ビブ部が「英語deビブリオバトル」を企画しています。2014年に客員研究員として室蘭を訪れていた河南理工大学（中国）の教員が、帰国後、授業でビブリオバトルを実施しました。

　これらの活動が実を結び「外国人がもっとも多くビブリオバトルを楽しんでいる街、室蘭」として2014年10月に「第1回ビブリオバトル世界大会」（共催：いぶりびぶりぶ♪、中島商店会コンソーシアム、ビブリオバトル北海道、室蘭工業大学国際交流センター、協力：ビブリオバトル室蘭）が実現しました。予選を勝ち抜いた代表が、台湾、中国、オーストラリアなどから集まり、熱戦をくり広げました。当日は室蘭市長も観戦に訪れて大会に華を添えました。

北海道から生まれた世界大会！

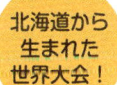

（須藤秀紹）

開催例 **商店会コンソーシアム×ビブリオバトル**

開催場所●中島商店会コンソーシアム
参加人数●5〜10名(発表者3〜4名)
主催者●いぶりびぶりぶ♪

テーブルを囲んで和気藹々(あいあい)に

　地元商店会と協力して、月に一度ビブリオバトルカフェを開催。会場は多くの商店や飲食店が集まる室蘭市の繁華街に位置する**中島商店会コンソーシアム**です。ここは小さな雑貨店やランチを提供する食堂、雑誌の図書館などが併設された、気軽に利用できるコミュニケーション・スペースです。バスの待合所としても利用されているので、偶然居合わせた人が発表に耳を傾けることも。建物の一部がガラス張りになっていて、通りを歩く人から中のようすがよく見えることも利点です。シンプルな運営を心がけ、用意するものは、タイマー用のパソコンもしくは砂時計、それにお菓子と飲み物だけ。当日の進行役や、テーブルの配置、投票方法も当日の顔ぶれによって決定します。この手軽さは、コミュニティ型ならではです。この会場は、室蘭工業大学のサークル**ビブリオバトル室蘭**にも利用されており、私たち市民サークルと地元商店会、そして大学生とを結びつける役割を果たしています。中島商店会コンソーシアムでのビブリオバトルカフェを通して、本と人との出会いをたくさん提供したいと考えています。

(松田靖子・須藤秀紹)

開催例 美術館×ビブリオバトル

開催場所●川崎市岡本太郎美術館
参加人数●70名（発表者8名）
協　　力●一般社団法人ビブリオポルトス

「芸術は爆発だ！」

　神奈川県川崎市にある岡本太郎美術館は2014年に開館15周年を迎え、「TARO祭り」と題して、11月1〜3日に渡ってさまざまな関連イベントを開催しました。その中で、岡本太郎に関連した本をテーマとした「TARO本で語ろう！ビブリオバトル in 岡本太郎美術館」を開催し、4名の発表者によるビブリオバトルを2ゲームおこないました。

　岡本太郎に興味のある人が集まるため、ビブリオバトルの内容は必然的に濃厚なものになります。紹介中に本を朗読して泣きだす人や、衝撃のカミングアウトを冒頭でおこなう人など、本気で岡本太郎に共感した人たちの魅力的な話が展開されました。そんな人たちを自然と包みこみ、惹きつけるのが岡本太郎美術館という場所の空気なのです。1ゲーム目のチャンプ本は『自分を賭けなきゃ』(岡本敏子著)。紹介者自身による結婚観と、岡本太郎・敏子の生活を対比させ、自身を激しく叱咤するような内容でした。2ゲーム目のチャンプ本は『美の呪力』(岡本太郎著)。紹介者は大学院で岡本太郎研究に打ち込んでおり、学術的な視点から岡本太郎の美について紹介されていました。　　　（一般社団法人ビブリオポルトス代表理事 小松雄也）

開催例 **カフェ×ビブリオバトル**

開催場所●ものづくりカフェ和RK（東京都八王子市）
参加人数● 18名（発表者8名）
主 催 者 ●無店舗宅配本屋「サンタポスト」
対戦方法●4名ずつの2回戦

> コーヒー片手にゆったりと

　初めてビブリオバトルを開催するカフェなので、主催者は事前に集客方法や会場の配置などをカフェオーナーと話し合いながら決めました。大きなスクリーンがあり、ルールやタイマーをプロジェクターで映して表示することができて、ビブリオバトルイベントにはピッタリのカフェです。参加費はワンドリンク制（1,000円）とし、参加者は好きな飲みものをチョイスできるようにしました。

　当日、参加者には2回戦のビブリオバトルを楽しんでいただき、チャンプ本を決める際は、無記名の投票式としました。スタッフが開票するあいだに、カフェオーナーによるお店の紹介タイムを設け、このカフェのウリであるレーザーカッターの実演をしてもらいました。チャンプ本になった方には、カフェよりレーザーカッターによる名前と日付入りのチャームのサプライズプレゼントもあり、カフェとビブリオバトルの両方を楽しめるイベントになりました。

（粕谷亮美）

開催例 居酒屋×ビブリオバトル

開催場所●個室居酒屋あな蔵
参加人数●11名
主催者●BiblioEi8ht（ビブリオエイト）
対戦方法●5名ずつの2回戦

> どんどん白熱
> 居酒屋バトル

　居酒屋での開催は、ビブリオバトルのコミュニケーションゲームとしての特性がいかんなく発揮され、参加者の親密度も高くなるので、一度体験されることをおすすめします。

　開催のポイントですが、まず会場内の騒音が大きいため、周辺と隔離できる個室形式、あるいは貸切ができる店であることが重要です。さらに通常の呑み会ではないため、お店側にもビブリオバトルの概要を説明しておくとよいでしょう。

　貸切であればステージ設定も可能ですが、この居酒屋の個室ではそのような場所がなかったため、発表は各自の席でおこないました。また、iPadのアプリを使ったタイマーは、その都度見やすい位置に移動させました。

　個室とはいえ、ほかのお客様もいるので、タイマーの音量は適切に調整しましょう。居酒屋ビブリオバトルでは、発表中も飲食物の提供がおこなわれ、参加者の離席・着席も頻繁に発生します。また、会が進むとお酒も進み、発表中も参加者からのコメントが飛び交いますが、そこが居酒屋開催の大きな特徴となります。公式ルールは守りつつ、ゆるやかに進行することが楽しくおこなう秘訣です。チャンプ本が決まってビブリオバトルが終わったあとが…また楽しい時間です。

（五十嵐孝浩）

開催例 家族×ビブリオバトル

開催場所●自宅
参加人数●3人以上

> お父さんの好きな本って、なんだろう?

「テレビを見る代わりに、ビブリオバトルをやろう!」そんな声かけではじまるのが、わが家のビブリオバトルです。テーマはとくに設けずにおこないますが、ふだんはなかなか話せないことも、ビブリオバトルの場をかりて、ポロリと出てしまうことだってあります。また、家族が今、どんなことに興味があるのかも、わかったりして……。そんな時間を楽しむことができます。

発表の順番(ジャンケンやくじ引きなど)や、チャンプ本の投票(指さしや投票用紙など)を開催ごとに変えてみるのも楽しいでしょう。見事チャンプ本を獲得した人には、手づくりの表彰状を贈呈する…なんてこともあります。ちょっとした工夫をすることで、わが家では無理なく継続的に開催しています。最初はちょっと気恥ずかしいかもしれませんが、一度やると病みつきになるかも。みなさんもぜひ、やってみませんか?

(高橋一彰)

ご協力:伊藤家

開催例 # 古民家×ビブリオバトル

開催場所●福岡県を中心とした古民家
参加人数●10〜30名（発表者5〜12名）
主 催 者●古民家イノベーション・プロジェクト
対戦方法●参加人数に応じる。
基本2回戦、5〜6名ずつのビブリオバトル

日本の古き良き伝統文化を見直す動きが注目されているなか、古民家はその中心的存在であり、象徴とされています。近年、多くの古民家が取り壊されることを危惧し、本当のすばらしさを知ってもらうためのイベントを考えているときに生まれたビブリオバトルです。

基本的にビブリオバトルをツールとして活用していて、本来の目的は、古民家や日本文化の再発見をはじめとして、そこに集まる人たちや、地域社会との絆を深めることです。古民家では「座」や「和」を重視し、アットホームな雰囲気のなかで、本と人の出会いが多く生まれます。それは一過性のイベントで終わるのではなく、一つのコミュニティ形成という大きな財産へと成長を遂げています。

地域活性化の支援へつながるきっかけにすべく、**古民家×ビブリオバトル**を開催しています。今後は、多くの本と人の出会いの舞台＝古民家ということだけにとどまらず、広まっていくことでしょう。　　（赤峰稔朗）

開催例 **英語×ビブリオバトル**

> I am champ-kun.

名　　称●東京ビブリオバトル・バイリンガル
参加人数●17名（発表者10名：日本語5名、英語5名）
開催場所●慶應丸の内シティキャンパス（慶應MCC）
対戦方法●日本語、英語
　　　　　　（1ゲーム5名の発表者で、2ゲーム【日本語、英語】をおこなう）

　東京ビブリオバトル・バイリンガルは、JR東京駅前にある三菱ビルの十階、慶應丸の内シティキャンパスで、月1回、開催しています。
　関東でおこなわれているビブリオバトルも、ほとんどが日本語でのゲームが実情です。そこで、社会人が参加できる英語のビブリオバトルを開催しようとスタートしました。すすめる本は日本語の本でも可。幅広く参加者を募りたいからです。その成果もあって参加者は多彩で、プロレス好きなおじさん、SFに精通した人、ビジネス書が好きなサラリーマン、お料理本から経営書までこなす人など、個性も国籍もさまざま。ゲームは毎回2回戦おこない、前半を日本語で、後半を英語で実施します。そして、本の話を熱く語ったあとは、軽く一杯、近場のバーで本の話を続けています。この会は、そんな本が好きな人たちが集う、ちょっとすてきで、知的な刺激にあふれています。

（大嶋友秀）

> SF好きが集う
> ビブリオバトル！

開催例　SF×ビブリオバトル

名　　　称●SF文学振興会　ビブリオバトル
開催場所●日比谷図書文化館ほか　各種イベントでの出張開催

　SF文学振興会は、SFを子どもたちに読んでもらいたい、という趣旨で各種活動をおこなっている団体です。その団体がビブリオバトルを始めたきっかけは、SFのおもしろさをもっと多くの人に伝えるにはビブリオバトルがよいのではないか、と考えたことからでした。

　まずはメンバー（もちろんSF好き）から始めてみたビブリオバトルですが、意外な効用がありました。団体としての活動が活発化してきたのです。ビブリオバトルがあるので、毎月とにかく集まる理由ができました。集まれば、ゲームのあとに、最近読んだ本や映画、イベントの話で盛り上がります。本来の活動に関しても、そこでアイデアが生まれ、情報交換が始まってきました。

　といったわけで、子どもたちにSFをすすめる活動をしながら、「SFが好きな人が（SFだったり、あまりSFでなかったりする）話題で盛り上がるきっかけ」として、ビブリオバトルを楽しんでいます。　　　　（滝　直哉）

開催例 # 山頂×ビブリオバトル

開催場所●キリマンジャロ山山頂（アフリカ・タンザニア　標高5895M）
　　　　　キナバル山山頂（マレーシア・ボルネオ島　標高4095M）

　マレーシアボルネオ島のキナバル山山頂と、タンザニアにある独立峰世界最高峰のキリマンジャロ山山頂でのビブリオバトルは、どちらも標高が高いため、山頂に滞在できる時間に限りがあり、3分間のミニ・ビブリオバトルでした。共に登山をした知人1名と山岳ガイド1名の計3名でおこないましたが、時間の都合上でプレゼンを終えることができたのは私のみ！　というわけで、公式のビブリオバトルにはならなかったのですが、登山とビブリオバトルの融合を感じることができました。

　登山は日常を離れて自然を感じる貴重な体験です。そこへ参加するに至った経緯や登りきるまでの苦労、山頂で感じたさまざまな感情など、語りつくせない思いが生まれます。登山のゴールである山頂で、そのあふれる気持ちを一冊の本にこめて語ることは、とても気持ちのよい経験でした。ぜひ、とっておきの一冊をもって、山に登ることをおすすめします。そこでは、きっと忘れられない感動の瞬間が訪れることでしょう。

（貝森義仁）

達成感を本に託そう！

開催例 **河原×ビブリオバトル**

開催場所●山形県山形市馬見ヶ崎川河川敷
参加人数●約20名（発表者6名）
主催者●みちのく図書館員連合（MULU）

> 河原で1冊！ゆるゆると…。

　東北地方では、毎年秋になると、仲間と河川敷に集まって、サトイモと肉やこんにゃく等を入れた鍋「芋煮」を作って食べる「芋煮会」というイベントが開催されます。東北を中心に活動している図書館員コミュニティ**MULU**では、その芋煮会内でビブリオバトルを実施しました。まずは火起こしからスタート。大きな鍋にブクブクお湯が沸いたら、ドンドン材料を入れて味付けます。鍋からフンワリといい香りの湯気が上がり、ハフハフ芋煮をほおばりながら、ビブリオバトル！　酔っ払っているとはいえ、普及委員からしっかりとルール解説も忘れずに。青空の下、秋の気配が漂い始めた河川敷、車座になり発表順が決まると、リラックスした宴会ムードのまま、最初のバトラー（発表者）がプレゼンを開始します。

　スマホに書影を表示したり、自分が撮影した写真集や旅行ガイドブックを紹介したりと、型にはまらず自由そのもの。ディスカッションもゆる～い質問が飛び交い、まさに会場と一体化したビブリオバトルの理想型がそこに…。6名の発表が終わり投票し、見事チャンプ本を獲得したメンバーには、野菜が進呈されました。（庄子隆弘）

開催例 # 着物×ビブリオバトル

　かわいくておしゃれなビブリオバトルを楽しみたいと、2013年にゆるりと始まりました。公式ルールを踏襲しつつも、ゆっくりゲームが進む感じがあります。

　着物でビブリオバトルは"奈良生まれ"です。奈良の町を着物で歩こうと、イベントを通した町づくりを提供している**奈良きもの日和**という団体があります。そこに集まる楽しい"着物好きさん"に支えられ、これまたゆっくりと現在まで開催がつづいています。

　さて、着物でビブリオバトルには簡単な所作がございます。

1．発表する方は着物で参加
2．聴衆の方は着物でなくてもよい
3．その土地の美味しいものを食べる

　着物でビブリオバトルを通して、本好きと着物好きが出会う場がつくることができたなら楽しいと思っています。もしすでに、まわりに「共通の趣味」を持ったお友だちがいらっしゃいましたら、趣味に関係した本を持ち寄り、ビブリオバトルで遊ばれてみてはいかがでしょうか？

　〈**本を通して人を知る　人を通して本を知る**〉ビブリオバトルですから、きっと楽しい時間が訪れると思います。今後は、ビブリオバトルに着物や浴衣で遊びに来られる方が増えたらいいなぁと、ひそかに夢見ています。

（雨宮智花）

ビブリオバトルへおこしやす〜

さまざまな開催例をご紹介しましたが、いかがでしたか？　28頁の奈良県立図書情報館で紹介された寺院の本堂を会場にした**暁天(ぎょうてん)ビブリオバトル**は、以下の写真のような雰囲気とのこと。荘厳な空気のなかでおこなわれるビブリオバトルもきっと楽しいものだったでしょう。

　ここでは紹介しきれませんでしたが、ほかにもたくさんの開催例があります。いろいろな趣向を凝らして、あなたのまわりでもぜひ、ビブリオバトルを楽しんでみてください。また、ビブリオバトル普及委員会が運営する公式ウェブサイト（http://www.bibliobattle.jp/）には、全国から寄せられた最新の開催情報が掲載されていますので、大いに利用しましょう。ここまで主催者側からの開催例のご紹介でしたが、次頁ではビブリオバトルを楽しんでいらっしゃる方の声をご紹介します。

自分流・ビブリオバトルの楽しみかた

第1回 ビブリオバトル社会人大会覇者に聞く！

　ビブリオバトルには3年半の間に、発表だけでも90回ほど参加してきました。その魅力はなんといっても、ねずみ算式に友だちが増えていくこと。このゲームがなかったら、私のようなオッサンが女子大生や女子高生（および美魔女）とお近づきになれるはずがありません！　それはみなさんに「本」を通じて集まっているという安心感があるからでしょうか。

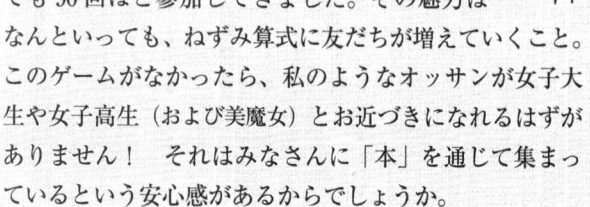

　私はビブリオバトル普及委員ではありませんが、初体験の方にもその楽しさを伝えるため、ふたつのことを心掛けて参加しています。ひとつは、あまり有名ではない本を紹介すること。みなさんに「未知の本を知って得をした」と思っていただきたいので、普段読む本の選び方もすっかり変わりました。もうひとつは、積極的に質問すること。他の方の紹介本のおもしろさを引きだし、ゲーム全体が盛り上がった時の快感は病みつきになります。

　こうして自分が楽しんでいる姿をお見せすることで、また参加したいと思う方が増え、それがビブリオバトルへの恩返しになればいいのですが……。発表や質問をすれば、参加者の女子、もとい全員に声をかけやすいという下心からでは決してありませんよ！　私は〈人を通して本を知る〉以上に、〈本を通して人を知る〉ことを楽しんでいるのです。　　（安村正也）

第3章

学校でビブリオバトル

学校でおこなうまえに

ビブリオバトル発案者がお伝えしたいこと

　学校教育の現場でのビブリオバトルの活用事例が増えてきています。ビブリオバトルが子どもたちにもたらすよい効果はたくさんあります。ビブリオバトルの見た目のようすから、読書推進や言語力の育成に注目が集まりがちですが、それらにとどまらず、もっとさまざまな効果があるのです。そのさまざまな効果こそ**〈本を通して人を知る　人を通して本を知る〉**というキャッチフレーズに込められた意味なのです。

　〈本を通して人を知る〉というフレーズがあらわすように、自分の好きな本を紹介することは、そのまま自分自身を紹介することにつながります。読書体験自体が内面的な活動であるために、本の紹介の中では、日常会話では出てこないような発表者の一面もあらわれます。その飛びだしてくる個性が、みんなにとってはおもしろいのです。また、多くの子どもたちは「自分のことを話したい。理解してもらいたい」という欲求を持っています。ビブリオバトルはこれらの思いをうまくゲームの中でつなぎあわせることで、本の紹介を通したコミュニケーションの場をつくることができるのです。

　さて、学校でビブリオバトルをうまく活用する一番のポイントはなんでしょうか？　それは、開催する先生や司書さん自身が、ビブリオバトルの楽しさをまず体感す

ることです。そして「楽しいからやってみよう！」と子どもたちと同じ目線で始めることが大切です。そのためには、本書や『ビブリオバトル』（文春新書）を読んで学ぶということはもちろんですが、何よりも先生方自身が「自分自身でやってみる」ことが一番大切なのです。

　発表者としてビブリオバトルを一回やってみることで、ビブリオバトルに対する理解度は格段に高まります。よく「動画を見たり、発表を見たりしたことがあるので、ビブリオバトルについては大体わかっている」とおっしゃる方がいらっしゃいますが、これは「とんでもない！」ことです。ビブリオバトルは自らが発表者を体感してみることではじめて、その効果や楽しさがわかるものなのです。多くの経験者が口をそろえて「やってみてはじめて、『こういうことか！』とわかった」とおっしゃいます。

　学校で活用される場合には、まず先生方自身がやってみましょう。職員室でやってみたり、生徒の前でやってみたりするのがよいでしょう。生徒たちは喜んで先生たちの発表を聴き比べて一番読みたくなった本に票を入れるに違いありません。そして、先生たちが楽しそうならば、自分たちも「やってみたい」と思うでしょう。

自らが飛びこんで実践できるような先生がいるクラスでのビブリオバトルは、とても楽しそうです。子どもたちにビブリオバトルをすることを求めながら、自分自身は発表者になりたがらない先生もいらっしゃいますが、大人が手本を見せてビブリオバトルを楽しんでみせることは、きっと子どもたちの背中を押すことになるでしょう。

　学校で実施するビブリオバトルが「楽しい」ことはとても大切です。ビブリオバトルは「好きな本を紹介する」「一番読みたくなった本に票を入れる」「好きなスタイルで発表する」というポジティブな要素ばかりで構成されています。ビブリオバトルにはみんなが「楽しい」気持ちになれる工夫がいろいろと施されているのです。そして、ビブリオバトルの楽しさ自体が、読書の楽しさにつながり、他の友だちの考えを前向きに理解しようとする思いにつながっていくのです。実際にビブリオバトルを通じて、新しく本を読むようになった、友だちの趣味や思いに改めて気づかされたという報告が数多くなされています。これらの効果が生まれるのもビブリオバトルが「楽しい」からこそなのです。

　ところが、こういうビブリオバトルの「楽しさ」が、実施する側の理解不足で失われてしまうことがあります。たとえば、事前に子どもたちに発表原稿を書かせて

先生がチェックするということをしてしまうと、子どもたちは「目の前に座っている友だちに、この本を紹介したい」から語るはずの言葉を、どうしても先生向けの感想文にしなければならなくなってしまいがちです。そして、その変化は、子どもたちの「楽しい」気持ちを挫（くじ）いてしまいかねませんし、友だちへの紹介をぎこちないものにしてしまいます。

　課題図書の設定や、学校において読書の模範（もはん）となりがちな文学作品に偏（かたよ）った選書を子どもたちに求めることも、ビブリオバトルには向きません。ビブリオバトルは、子どもたちが自分の好きな本を紹介することで、自分自身のことを友だちに知ってもらう仕組みです。過度に本の選択を制限することは、子どもたちの自己主張の機会を奪うことにもなり、また、友だちの興味に関する新たな気づきや、新しい本との出会い、子どもたちの間での知識の循環を阻害（そがい）することにもなりかねません。紹介する本は、社会の本でも、理科の本でも、スポーツの本でも、コンピュータの本でも、なんでもいいと思います。なにを紹介してもいいことこそ「本との出会い」を演出するビブリオバトルの本質でしょう。

そういう意味では、学校でビブリオバトルを活用するときには、「国語」の時間にとらわれ過ぎないことが大切です。ビブリオバトルをおこなう時間も、「総合的な学習の時間」「情報」「社会」などの科目から、課外の時間など各校の事情に合わせながら柔軟に設定しましょう。

　ビブリオバトルを導入される先生方に一番求められるのは、「発表の指導」でも「本選びの指導」でもありません。子どもたちがきちんとしたルールの上で、ビブリオバトルというコミュニケーションゲームを楽しむための「場づくり」なのです。これは体育の授業でドッジボールなどのゲームをやる際の、体育の先生の仕事に近いかもしれません。よい「場づくり」ができて、子どもたちがちゃんと「チャンプ本に選ばれたい」と思ってくれればバッチリです。あとは子どもたちが自主的に、聴き手のための言葉選びやジェスチャーを含めたコミュニケーションの工夫や、おもしろい本を探す読書探検を、自由な発想で進めてくれることでしょう。それを先生が笑顔で見守り、たまに相談に乗ってあげられるような状況が、教育現場における理想的なビブリオバトルなのだと思います。

　子どもたちが自由に話し、自由に本を紹介しあえる「場

づくり」のためには、子どもたち自身による自主的な運営を後押しすることも大切です。司会進行も学級委員や図書委員に任せてもかまいません。開催スタイルは、班ごとやグループごとに分かれてみんなが発表者になれるワークショップ型が向いているでしょう。みんなの前で発表をしてもらうイベント型は「みんなに見られる」といったことから過度の緊張をもたらしてしまう場合がありますので、実施に関しては十分に注意しましょう。さまざまなメディアでイベント型の「ビブリオバトルの学生大会」が報道されていますが、ああいう大きなビブリオバトルは、たまのお祭りのようにあるくらいでちょうどいいでしょう。ビブリオバトルの本質は等身大のコミュニケーションにこそあるのだと思います。

　ビブリオバトルは「読書感想文の補助ツール」でも「読書感想文の発表会」でもありません。**〈本を通して人を知る　人を通して本を知る〉**ことにより、子どもたちのモチベーションを高め、読書の世界を旅する背中を押すコミュニケーションゲームなのです。寓話「北風と太陽」になぞらえるなら、子どもたちが自然と楽しくなって本を読みたくなる場をつくる「太陽」にあたるのがビブリオバトルでしょう。ぜひ、楽しく活用いただければと思います。

（谷口忠大）

開催例 **小学校（立命館小学校）**

先生たちの
ビブリオバトル
おもしろ
そう〜

　本校では2012年度から「楽しく本を知る機会になってほしい」と願い、読書の授業（週1時間）に4年生がビブリオバトルに取り組んできました。その結果、「本を読んでみたい」という子どもたちの意欲がますます深まったと感じています。その学年の成長過程を考慮しながら、毎年少しずつ変化をつけていますが、2014年度の取り組みは以下です。

1．ビブリオバトルのルールの説明

　正しいルール（本来は5分であること…小学生の能力を勘案してミニ・ビブリオバトルを採用）を説明すると同時に、過去に体験した先輩たちの動画を見せました。

2．教員によるデモンストレーションの実施

　子どもたちの前で教員が発表するというスタイルのビブリオバトルをすることで、その楽しさを伝えました。

3．ビブリオバトルに挑戦（タイムキーパー：教員）

　5人を1チームにして、メンバーや発表の順番はくじで決めます。「みんなの顔を見て、3分間話そう」「友だちが紹介する本について興味を持って聴こう」という点を考えながら、発表者はメモを見ずに3分間、本への思いを語ります。

　チャンプ本の投票は、用紙（次頁下）を配って、発表者の名前と発表した本を記入するようにし、読みたくなった本に〇をつけて教師に提出します。あとで教師がチャンプ本のみを発表する方法ですが、その表には「ひとことメッセージ」

の欄があり、それを切りとって発表した本人に渡すようにしています。チャンプ本にはならなくても、友だちから「自分のいいところ」を伝えてもらうのはうれしいようです。

またビブリオバトル終了後は、チャンプ本コーナーをメディアセンター（図書室）につくり、全校の子どもたちにチャンプ本を知ってもらうようにしています。ビブリオバトルの意義のひとつである〈本を知る〉ことを全校に広げたいからです。

ビブリオバトルに取り組んでみて、98%の子どもたちが「またやってみたい」「紹介された本を読んでみたい」と答えました。そして、「友だちの意外な一面を知ることができた」「楽しかった」という声も多く聞かれました。読書好きの子やプレゼン上手の子ばかりがチャンプ本を獲得できるわけではありません。本の選び方や、本に対する思いによって「だれもがチャンプ本になれる機会があること」が楽しいようです。チャンプ本コーナーの本は例年多く貸し出されていることから、ビブリオバトルを今後も継続して取り組んでいきたいと思っています。

（大橋輝子）

4年生ビブリオバトル グループ			クラス　　番　名前		
	なまえ	本の題名	ひとことメッセージ	自分の名前	読書してみたい本に○をつける
1				より	
2				より	
3				より	
4				より	
5				より	

開催例 中学校（気仙沼市立鹿折中学校）

参加人数● 91名（3学級）
中学1年29名、2年31名×2

　1、2学年ともに国語科の授業の中で実施しました。学習指導要領との関連は、言語領域「読むこと」の【読書と情報活用】の項目に合わせて、おすすめの本を紹介し合い、多様なジャンルの本に興味を広げることがねらいです。各学年年間4回の実施でしたが、初回の授業は3時間扱い（説明1時間、発表準備1時間、ビブリオバトル本番1時間）とし、2回目以降は1時間（ビブリオバトルのみ）の授業の中でおこないました。

　ビブリオバトルの進め方は、学級の中で3〜4人の小グループをつくり、グループ内でチャンプ本を決める方法です。本のジャンルは自由で、マンガや雑誌も可としました。発表の準備としては、原稿の作成はおこなわず、本の読み直しや話す内容の要点整理程度です。

　学校現場の特性に合わせた工夫として、「ビブリオバトル・カード（76頁参照）の活用」と「プレ投票制」の2つを取り入れています。ビブリオバトル・カードは、バトラー（発表者）のプレゼンを聴いて、紹介された本の「おもしろそうだと思った点」を2点、記入します。カードは発表者全員に配付されるので、発表後の投票で票を獲得できなくても、聴き手からの肯定的な感想をフィード

バックすることができるのです。カードをつかうことで、「聞いた人から感想が聞けてうれしい」という感想が多く、発表の満足度も上がりました。

「プレ投票制」とは、発表を開始する前にまず、本のタイトルと表紙だけで投票をするのです。その結果は、ビブリオバトルのチャンプ本を発表するときに同時におこないます。まずタイトルや表紙のみの投票をおこなうことで、子どもたちの選書が楽しくなります。また、プレ投票数と最終投票数を比較することで、「プレ投票のチャンプ本」「最終投票のチャンプ本」という二つのバトルの勝ち方を生みだし、それに加えてプレ投票時が0票だった本に1票以上の票を集めた生徒にも、発表の達成感や喜びを味うことができます。反対に、プレ投票数よりも最終投票数が減ってしまった場合もありますが、どちらにしても発表に対するモチベーションが上がり、プレゼンの楽しみが増えていきます。

生徒たちからは、「ビブリオバトルをまたやりたい」「紹介された本がすぐに読みたくなった」「読んだことがあったけれども、友人の紹介で読んでいる視点が違っていたたことがわかって、おもしろかった」という感想もあり、ビブリオバトルそのものの楽しみに加えて、読書への関心の高まりが感じられました。　　　　（貝森義仁）

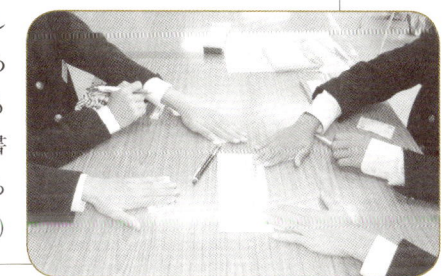

開催例 **高等学校（埼玉県立春日部女子高校）**

開催場所① ●学校図書館及び会議室ホール
参加人数 ●新入生1クラス（約40名）
主催者 ●学年および学校図書館
対戦方法 ●ワークショップ型で全員参加

　1年生のクラス開きにあわせ、友だちづくりを兼ねて、ワークショップ型のミニ・ビブリオバトルを学習合宿で開催しました。入学後すぐ校内で、1クラスの生徒を6つの班に分けて、6～7人を1チームとしての実施です。

　計時にキッチンタイマーを使用し、発表時間は3分間のミニ・ビブリオバトルで、質問タイムは2分間です。ビブリオバトルを初めて体験する生徒たちばかりなので、まずは1つの教室に集めて、ルール説明をしっかりとおこないました。その後、1部屋に3グループずつ、2部屋に分かれて、ワークショップ型のビブリオバトルを開催。各班のチャンプが決まった時点で、もとの部屋に集合し、それぞれのチャンプ本の書名とビブリオバトルの感想を発表しあいました。

　後日、学習合宿のレクリエーションで、クラス代表決定戦をおこないました。さらに、学習合宿の閉校式のイベントとして、学年全体でクラス代表のビブリオバトルを聴き、学年のチャンプ本を決めました。

　図書館では紹介した本をブックリストにして本の展示

もおこないました。生徒からは、「ビブリオバトルは初めてだったが楽しかった」「本を紹介することで同じ趣味の人と知り合うことができた」などの感想がありました。

> 自己紹介にビブリオバトルをするのって、いいかも

開催場所② ●講堂
参加人数 ●参加者40名（投票27名）

　図書委員会の文化祭企画としてのビブリオバトルです。バトラー（発表者）は本校生徒3人と春日部高校生徒2名の5名でした。開会前に発表順を決めるくじを引いて、発表5分間、質問2分間でビブリオバトルをおこないました。投票は投票箱に紙を入れる形式で、集計時間にはバトラーに感想を話してもらいました。事前準備として、全校生徒に呼びかけてビブリオバトルを校内で2回おこない、3人のバトラーを選びました。また、生徒が文化祭イベントとしての告知ポスターを作って校内に張りだしました。チャンプ本に選ばれた生徒は、本校校長から賞状を授与されました。

　参加者からは、「発表者の人柄がよく表れていて、とても楽しかった」「他校生と交流できてよかった」などの感想が寄せられました。（木下通子）

> 開催例

大学（皇學館大学）

ビブリオバトルサークル、活躍中！

開催場所●皇學館大学附属図書館ラーニングコモンズ
（三重県伊勢市）ほか
主催者●皇學館大学ビブリオバトルサークル
「ビブロフィリア」
ブログ● http://bibliophilia-ku.blogspot.jp/
ツイッター● @Bibliophilia_KU

　本学へのビブリオバトル導入のきっかけは、2012 年の上半期に、筆者が担当するゼミや授業、勉強会などの小さなコミュニティで、ビブリオバトルを複数回開催したことに始まっています。その活動を通して興味を持った一部の学生たちが中心となり、2012 年 7 月にビブリオバトルサークル**ビブロフィリア**を立ち上げました。

　大学内で実施するビブリオバトルは、

① 教員主体（授業やゼミなど）
② 職員主体（附属図書館など）
③ 学生主体（サークルなど）

といった開催形態が考えられますが、本学においては①→③という流れで、学生たちによる主体的な活動団体として学内への普及が進んでいます。

　サークル活動 3 年目となる 2014 年には、創設メンバーが卒業を迎えて世代交代が進むなどの変化はありましたが、創設時よりも着実にメンバーも増加しており、学部学科を超えた学生コミュニティが育ってきています。主に大学の附属図書館を活動拠点として、週 1 回の活動日

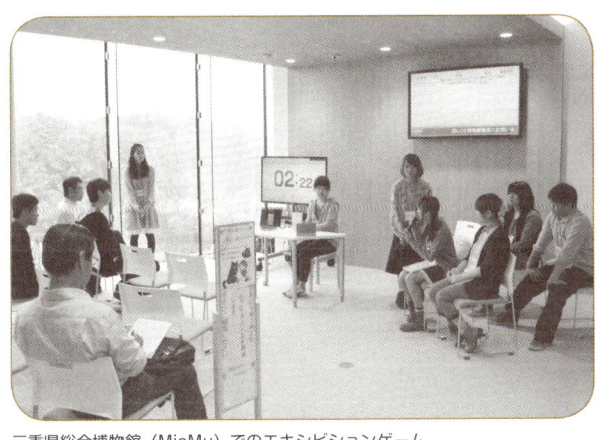

三重県総合博物館（MieMu）でのエキシビションゲーム

にメンバーが集まり、さまざまなテーマでビブリオバトルを楽しんでいます。

　普段はサークルメンバーのみでビブリオバトルをおこなっていますが、ここ最近では県立博物館や古本イベントなどの学外コミュニティでのエキシビションゲームの提供や、三重県教育委員会主催「高校生ビブリオバトル」の運営リポートなど、学外で活動する機会も増えてきています。

　また、自分たち自身が楽しむことはもちろんのことながら、学内でもビブリオバトルのおもしろさを伝える普及活動にも力を入れており、学園祭やオープンキャンパスでも開催するなど、人目につきやすい機会には積極的に実施するようにしています。　　　　　　　（岡野裕行）

開催例 留学生（室蘭工業大学）

　室蘭工業大学では 2011 年より、留学生対象の日本語講義にビブリオバトルを取り入れています。この講義は、中級レベルの学習者を対象に、日本語によるスピーチ・プレゼンテーションの技法を学ぶことを目的としています。まずは、おおぜいの人を前に、日本語を使って、1人で長い時間話し続けることにとにかく慣れてもらおうと考え、ビブリオバトルを取り入れることにしました。

　実施方法はその年によって違います。2014 年度の場合、全15回の講義のうち6回を使ってビブリオバトルをおこないました。受講学生は 16 名で、各回5〜6名ずつがバトラー（発表者）になり、3回で一巡、各学生2回ずつのビブリオバトルです。司会は教員ではなく、大学のサークル**ビブリオバトル部**の日本人学生が担当しました。その他、数名の日本人学生が聴衆として参加しました。

　公式ルールに則って実施しましたが、以下のようなルールも加えました。

> 留学生が日本語で挑戦！

①日本語以外で書かれた本を紹介してもよい
②実物の本を持っていない場合、表紙をインターネットからダウンロードしてプリントアウトしたものを提示してもよい
③原稿を作り、それを持って発表してもいいが、読み上げてはいけない。ときどき見る程度ならよい

留学生のビブリオバトルには、異文化交流という機能も加わります。学生が紹介する本は実にさまざまで、日本語の小説やマンガはもちろん、各国語に翻訳されている世界的なベストセラーや有名な古典もあります。日本語学習に役立つ本や異文化理解に関連する本がチャンプ本に選ばれやすい傾向はありますが、なかには翻訳が存在せず、留学生自身の言語でしか読めない本の紹介に果敢に挑戦してチャンプ本を獲得した猛者もいます。日本人学生が司会や聴衆として参加することで、互いの社会や文化について知り、興味を持つよい機会になっています。日本人にとってはなじみ深い日本語の小説やマンガも、留学生に紹介されると、どんなものがどう読まれているか知ることができ、驚いたり共感したりして、新鮮な出会いとして楽しめました。

日本語のスピーチに慣れてもらうために始めたビブリオバトルですが、今は教員自身が留学生が紹介してくれる本との出会いを心から楽しんでいます。留学生にとっても、日本語という外国語を使って、ただ「上手に話せた」というだけでなく、「人の心を動かした」という経験は、日本語を用いたコミュニケーションに対する自信に確実につながっているように思います。

（山路奈保子）

開催例

児童センター・子育て支援施設
（NPO法人 新座子育てネットワーク）

開催場所●子どもの居場所「児童センター」
　　　　　乳幼児親子が集う「子育て支援センター」

> みんなで楽しくビブリオバトル

　NPO法人新座子育てネットワークでは、埼玉県新座市で指定管理運営する児童センターや委託運営する地域子育て支援センターなどの施設で、子どもや保護者を対象にビブリオバトルを開催し、大人も子どもも読書を楽しむ町を目指しています。

　児童センターは、0～18歳までの児童に遊びを通して健全育成を図る施設で、市内に2館あります。小・中学生の放課後や休日の居場所として定着しています。児童センターでのビブリオバトルは、地域の人材育成のフォーラムから始まり、読書家をはじめ、図書館職員や大学教員、学生まで幅広い顔ぶれの26人が参加しました。フォーラムでは、ビブリオバトル普及委員によるレクチャーや、グループでのビブリオバトル体験、開催プランの立案をおこないました。参加者の多くがビブリオバトル初体験でしたが、「実際に体験してはじめて、おもしろさがわかった」という感想もあり、立案されたプランのいくつかは開催へと発展していきました。

　子どもたちが主役のビブリオバトルは、まず、大人のバトラー（発表者）に子どもたちが参加者として投票する

職員の紹介本に、子どもが投票

かたちで開催しました。次に、作戦会議と称し、ビブリオバトルの感想やふだん読む本について話す場を設け、子どもたちにビブリオバトルを浸透させながらバトラーを募りました。しかし、子どもたちにとって人前で本を紹介するのはハードルが高く、なかなか参加者が集まりません。粘り強く会話にビブリオバトルを持ちだしたり、あれこれ工夫しながら、なんとか開催にこぎつけました。

　実際の子どもビブリオバトルでは、ゲームや参加賞などで楽しさを演出。加えて、参加のハードルを下げるために、「発表内容のヒントを伝える」「3分か5分か、発表時間を選べる」「時間が余ったときは、司会役が手助けする」という工夫をしました。その結果、参加した子どもたちからは、「思ったより楽しかった」「いろんな本があっておもしろかった」という感想もあり、紹介本を図書館で借りたり、友だちと貸し借りをする光景もあり、ビブリオバトルが次の読書につながっている手応えを感じました。

　現在、児童センターでは、大人も子どもも参加できるよう、対象を広げて開催しています。くり返し参加している子どもたちは、当初よりも本に興味を持って参加し

バトラー初体験の子どもたち

大人も子どもも、いっしょにバトル！

ているようです。

　さらには、本を通じて、大人と子どもの交流も深まっており、これからも「遊び」としてのビブリオバトルの楽しさを伝え、読書を楽しむ子どもたちを増やしていきたいと考えています。

　このほか、親の読書が子どもの読書習慣に影響を与えることから、子育て支援センターなど乳幼児のいる親たちが集う場でもビブリオバトルを開催しています。おやつや飲物を片手に、傍ら（かたわ）に子どもを遊ばせながら、リラックスして参加できるビブリオバトルです。そこでは、絵本や育児書の紹介とともに、普段とは趣向の異なる大人の会話が楽しめる新鮮な活動として、ファンを増やしつつあります。

（福田祐里）

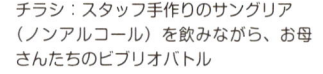

チラシ：スタッフ手作りのサングリア（ノンアルコール）を飲みながら、お母さんたちのビブリオバトル

第4章

ビブリオバトル Q&A

Question
どんな本を選べばいいの？

Answer ビブリオバトルで紹介する本は、公式ルールにも明記されているように、**「自分が読んでおもしろいと思った本」**を選ぶことが大前提になります。それがどういう内容の本であったとしても、自分にとって「おもしろい！」と思える本を選ぶことが重要です。「私はこの本を読んでおもしろかった！ みんなにもぜひ読んでほしい！」という思いが込められた発表は、話をするバトラー（発表者）本人が楽しめるだけではなく、その話を聴く立場としてもおもしろく感じるものです。

とはいえ、「どんな本を選んでよいかわからない」という疑問が出てきてしまうのは、本を選ぶ際にどうしても他人の目を意識してしまうからにほかなりません。「自分が選んだ本を他人の目にさらし、それについての思いを語る」という行為には、それに伴って自分の趣味や興味関心がはっきりと表れてしまうため、「正直に本を選ぶのはなんだかちょっと恥ずかしい」という気持ちにもなってしまうわけです。ビブリオバトルのコンセプトにもある〈本を通して人を知る〉ことのおもしろさは、まさにそのような「自分の趣味や興味関心が他人に知られてしまう」状況を、ゲームというかたちを取りながら意図的につくりだすことから生まれるものです。

しかし、投票によって他の人たちからの賛同を得るた

めには、まずは自分の趣味や興味関心を積極的にさらけだささなければなりません。言い方を変えれば、ビブリオバトルは自分の読書の趣味や興味関心を他者に対して心置きなくさらけだすことができる絶好の機会と捉えることもできます。〈**本を通して人を知る**〉というコンセプトは、一見すると「本の紹介を通して聴衆がバトラーの人柄を知る」と解釈してしまいがちですが、実は「本の紹介を通してバトラーが聴衆に思いを伝える」と考えることもできます。思いを伝える主体は、あくまで本を選ぶバトラー自身にあるわけですね。

ビブリオバトルは、バトラー同士が「チャンプ本」を獲得することを目指すゲームです。バトラーがどういう本を選択し、どのように紹介するのかによってその場の雰囲気が決定されるわけですから、自分が「おもしろい！」という気持ちを大事にしつつ、できる限り「話を聴きに来ている人たちが興味を持ちそうな本」を選ぶようにするといいでしょう。つまり最終的な本の選択の場面では、「聴き手の存在」に思いを馳せるような姿勢が求められるわけですね。「自分が話したいこと」だけを考えるのではなく、「どこかのだれかに自分の思いを伝えること」を意識するようにすれば、紹介したい本を迷わず見つけだせるはずです。

さて、あなたは自分の好きな本を片手に、だれにどういう思いを伝えてみたいですか？

（岡野裕行）

Question
どんなタイマーをつかえばいいの？

Answer ビブリオバトルでは、発表の「5分間」がとても重要な意味を持ちます。参加者みんなで残り時間を共有することでその場に緊張感が生まれ、ゲームを盛り上げることができます。ゲームを盛り上げるための小道具であるタイマーにはどのようなものがあるのか、イベント型とテーブルラウンド形式※（コミュニティ型＆ワークショップ型など）に分けてみてみましょう。

● イベント型の場合

イベント型のビブリオバトルでは、発表者はもちろん、参加者（聴衆）たちにもしっかりとタイマーが見える必要があります。このために使われるツールが、ノートパソコンとプロジェクターおよびスクリーンです。ノートパソコンの画面を発表者に向けて置き、スクリーンを発表者の斜め後ろ辺りに設置するのが一般的です。

5分間のカウントダウンをおこなうためのパソコン用ソフトウェアはいろいろなものが用意されています。たとえば、Windows 用には、口演時間やディスカッション時間を自由に設定できる、とても便利な「ビブリオバトルタイマー（非公式）」[1] があります。Mac 用には、専用のタイマーは 2015 年 3 月時点でまだ開発されていませんが、「ビブリオバトルタイマー by Tokyo Biblio」[2] などのウェブブラウザ上で動作するタイマーを利用するこ

※テーブルラウンド形式とは、テーブルを囲むように近い距離で、という意味です。

とができます。

　iPhoneやiPadとプロジェクターを接続するコネクターを用いると、iPhoneやiPadの時計アプリをタイマーとして用いることができます。ノートパソコンより持ち運びが容易なのでおすすめです。また筆者は、iPad用に「Bibliobattle Timer」[3]を開発しました。このアプリを使うと、5分間のカウントダウンと同時に、あらかじめ撮影しておいた、本の表紙や発表者の姿といった画像を表示させることができます。

　タイマーの情報はビブリオバトル普及委員会公式サイト[4]でも随時、新しい情報が紹介されています。こちらもこまめにチェックするとよいでしょう。

●テーブルラウンド形式の場合

　テーブルラウンド形式の場合は、もう少し手軽です。イベント型の場合と同じソフトウェアを使って、ノートパソコン1台だけで実施することもできますし、スマートフォンやタブレットPCの時計アプリも利用できます。いずれの場合も、数字が大きく表示されるものが適しています。テーブルラウンド形式の場合にも、タイマーが参加者全員から残り時間が確認できるように置き場所を工夫してください。

[1] http://wiwi.sub.jp/bibliotimer

[2] http://tokyo-biblio.com/timer

[3] http://www.suto.net/bbt/

[4] http://www.bibliobattle.jp/taima

（須藤秀紹）

Question
どうやって5分間を つかえばいいの？

導入　5:00　主題　まとめ

Answer　ビブリオバトルにおいて、自分に与えられた5分間をどのように使うかを考えることは、このゲームの醍醐味の一つです。この世の中にはたくさんの本が出版されていますし、本の読み方も千差万別なので、紹介のしかたについての一般的な答えはありません。…が、ここでは基本的な考え方を紹介しましょう。

室蘭工業大学システムデザイン論研究室では、チャンプ本獲得者とそれ以外の発表者とで、5分間の使い方にどのような違いがあるかについて研究しています。これまでの結果から、初級者は5分間のほとんどの時間を使ってダラダラとストーリーや内容の説明をする傾向があり、上級者は時間の使い方にメリハリがあることがわかってきました。上級者の時間の使い方は、「導入」「主題」「まとめ」の3つの部分に大きく分けることができます。これらの時間配分は発表者のスタイルや紹介する本によってまちまちです。

まず初級者と上級者では「導入」の使い方に差があるようです。ビブリオバトルで、発表者に与えられた時間はたったの5分間です。この時間内に、聴衆(参加者)に「この本を読んでみたい」という気持ちにさせなければなりません。本を選んだ理由はいろいろあると思いますが、その「理由」に共感してもらう必要があります。たとえば、

落ち込んでいるときに勇気をもらった本だったり、今まで自分が知らなかった新しい世界を教えてくれた本だったり。そのときのあなたの気持ちを心に思い描いてもらうことで共感してもらうわけです。このときに有効なのは、聴衆への語りかけです。「みなさん、モノゴトがうまくゆかなくて落ち込むときってありますよね」とか「〇〇って知っていますか？」といった具合に。これによって、これからあなたが話そうとしている内容を受け入れるための心の準備ができるのです。私たちはこのプロセスを「コンテクスト（文脈）共有」と呼んでいます。

次は、「主題」です。分析の結果、上級者が本の中身の説明に割く時間は多くても三分の二程度で、残りは自分の体験談にあてる傾向があるとわかりました。「相手に読んでみたいと思わせる」という目的においては、必ずしも本の中身全部をきちんと説明する必要はないようです。本全体の話は一言ですませ、とくに自分が感銘を受けた部分に絞り、そこを詳しく説明するという戦略も効果的です。

最後に「まとめ」です。最後の一押しや、ちょっとしたオチをつけるために使われることが多いです。またこの部分は5分間の時間調整に使われるパートでもあります。少しだけ時間が余ったときにしゃべることをあらかじめ用意しておくと、きれいに話を締めることができるでしょう。

（須藤秀紹）

Question

チャンプ本の投票方法には、どんなものがあるの？

> このハンドブックを投票のときに使ってね！

Answer チャンプ本を決める際の投票には、いろいろな方法がありますが、ここでは各シーンによる投票例をあげてみましょう。

●コミュニティ型・ワークショップ型のビブリオバトル

少人数でおこなう場合やグループにわけておこなうテーブルラウンド形式の場合は、挙手での投票でもいいですし、同時に本を指さすことでチャンプ本を決定してもいいでしょう。だれがどの人に投票したかということを公表したくないときには、紙に書いて無記名で投票する方法もあります。小学校などの場合は、立命館小学校の開催例にあるような表（55頁下）を渡してチャンプ本を決めるやり方もあります。

●イベント型のビブリオバトル

大きなイベント会場の場合、投票する本がわかりづらいこともあります。投票時にはホワイトボードやスクリーンで、投票する本がどの本であるか、参加者（聴衆）にわかるように提示することが大切です。

挙手でおこなう投票では、発

表者には後ろを向かせて投票するスタイルもあります。参加者が多くて挙手ではわかりにくい場合、色紙やウチワ、本などわかりやすいものを挙げることもできます。イベントにあった工夫をこらすと楽しいでしょう。大きなイベントの場合、数える側のスタッフも多くして、正確に数えてください。

仕切られた場所でおこなうことのできないイベントの場合には、投票用紙をもっている人に限り投票権があるようにする方法もあります。そのときにも必ず、投票時には全員の発表を聴いた人のみが投票できることを明言しましょう。本の題名を記入する投票は混乱が生じやすいので、あらかじめ発表した本の順に番号をつけておき、番号のみを記入する方法をおすすめします。参加者には、発表者の名前や書名、感想などを書きこめるメモ用紙を用意すると親切です。（本書88頁からのマイビブリオバトルノートもご活用ください）

どのシーンでのビブリオバトルにおいても、チャンプ本の投票の前には必ず、発表した本を参加者の前で再確認するようにします。気をつけなくてはいけないのは、友だちや家族だから……という理由で投票してしまわないようにすることです。ビブリオバトルのルールに則り「一番読みたくなった本」に投票しましょう。　　　（粕谷亮美）

Question
ビブリオバトル・カードって、どういうものなの？

Answer ビブリオバトル・カードは「ポジティブなコメント欄つき投票用紙」です。名刺サイズのカードの片面に、紹介本のタイトルを書く欄と、本の紹介を聴いておもしろそうだと感じたポイントを2つコメントする欄があり、裏面に使い方が印刷されています。カードのテンプレートは無料でダウンロードできます[※]。

聴衆（参加者）はそれぞれ、紹介本の数と同枚数のカードを持って、紹介本のタイトルをカード1枚に1冊ずつ記入します。本の紹介を聴いてディスカッションに参加したのち、紹介された本のおもしろそうなポイントを2つずつ、各紹介本のカードにコメントします。聴衆全員が全ての紹介本についてコメントを書き終わったら、最も読みたくなった本のカードで投票してチャンプ本を決めます。最後に、投票に使ったカードも使わなかったカードもすべて、各紹介本の紹介者に渡します。

ビブリオバトル・カードを使うメリットは、自分の紹介本・紹介内容について、本の紹介者が聴衆全員から具体的でポジティブなフィードバックが得られることです。

また「すべての紹介本について、おもしろそうなポイントを2つずつ探してコメントする」カードですので、紹介された本のおもしろそうなところを積極的に探そう

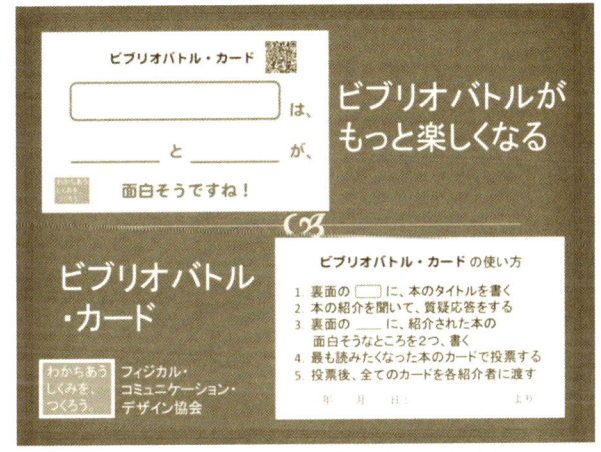

※ビブリオバトルがもっと楽しくなる「ビブリオバトル・カード」
http://www.p-cd.org/2013/11/bb-card.html

という気持ちになるかもしれません。ですから、自分が発表した本について聴衆がどのように思ったのかがわかります。きっと聴衆が「また、ビブリオバトルをやってみよう」という気持ちになることでしょう。

56頁の気仙沼市立鹿折中学校の実践例もありますが、このビブリオバトル・カードを継続して使用することで、さらに大きな効果が生まれることを期待しています。

(安部尚登)

メッセージがうれしいカードだよ

Question

ビブリオバトルのイベントをしたいけど、どうやって人を集めたらいいの？

Answer イベント型のビブリオバトルを盛り上げるために広報活動はとても大切ですが、多くの主催者の頭を悩ませるものでもあります。イベントの性格や規模、実施場所などによってその方法は変わってきますが、ここでは**ビブリオバトル北海道**が取り組んでいる集客活動を例として紹介しましょう。

●各種メディアの利用

イベント会場の掲示板にポスターを掲示すれば、その場所によく足を運ぶ人の目に留まる可能性が高くなります。しかしポスター制作は意外と手間のかかるものです。ひな形を作っておいて、日付や場所の情報のみを変更するといった工夫によって、負担を軽減することができます。

フェイスブックやツイッター、読書メーターといったSNSを用いた広報も効果的です。とくに読書メーターを用いたイベント告知は、もともと本好きが集まっていることもあり、高い効果が得られています。

●マスコミへのニュースリリース

新聞、テレビ、ラジオといったメディアの効果は絶大です。新聞紙面に情報が出ることによって多くの人の目に触れ、関心を集めることができます。ビブリオバトル北海道では、室蘭工業大学広報室、中島商店会コンソー

シアム、紀伊國屋書店の協力のもと、マスコミ向けニュースリリースを出すことでイベントの告知をおこなっています。また、取材に来た記者の名刺を整理しておき、次回イベント時に連絡します。このほか、市などの広報誌に告知掲載の依頼をしています。

● 口コミ

なんといっても最後は口コミです。情報を受け取った人が、実際に足を運んでくれる可能性が一番高いのは口コミです。来場してくれる可能性のある知人・友人にどんどん宣伝しましょう。

ビブリオバトル未体験の人にとっては、発表することに抵抗がある場合が多いようです。はじめは観戦だけでもよいので、とにかく来てもらうことが大切です。一度体験すれば、その手軽さやおもしろさをわかってもらえるはずです。

室蘭市を中心に活動している社会人サークル**いぶりびぶりぶ♪**では、**ビブリオバトル・カフェ**という気軽に参加できるイベントを、街中のコミュニティースペースを利用して定期的に開催しています。このイベントは、お茶やお菓子を用意して、参加者にテーブルラウンド形式のビブリオバトルと本についてのおしゃべりを楽しんでもらうものです。(34頁参照)

このような活動を通してより多くの人たちにビブリオバトルの楽しさを知ってもらいましょう。　（須藤秀紹）

Question
子どもにビブリオバトルを体験させるにはどうすればいいの？

Answer これはおそらくビブリオバトルに限った話ではないと思いますが、大人たちの側からの「やらせたい」という思惑が透（す）けて見えるうちは、子どもたちが心の底から「楽しい」という気持ちにはならないのではないでしょうか。子どもたちに「やらせたい」という態度で接するというのは、実は大人の側の勝手な都合でしかありません。子どもたちを「やらせよう」と仕向ける気持ちが先走るのではなく、まずは自分たち自身が楽しんでやっている姿を、子どもたちに見せることから始めてみてはいかがでしょうか。子どもたちが大人のやっていることをまねするときの気持ちを想像してみれば、どのような姿を子どもたちに見せればいいのかは、自（おの）ずと答えが見つかると思います。

　ビブリオバトルを「やらせたい」という言葉は、大人たちが子どもたちを指導する態度で接しようとするときに発せられるものです。そうではなくて、大人たちが子どもたちと、同じ立場でビブリオバトルを楽しんでいく姿勢が求められます。そういう接し方になれば、決して「やらせたい」という物言いになることはなく、「いっしょにやろう」という言葉が口をついて出てくるはずです。子どもたちに接するときには、「大人／子ども」「教員／生徒」のように、「やらせる側（大人）」と「やらされる側

（子ども）」という立場でついつい不要な線を引いてしまいがちです。ビブリオバトルは強制的に「やらせる」ものではなく、それぞれの立場を超えて、参加者全員がいっしょになって「楽しむ」ものです。まずは「楽しむ」ための場をつくることが重要であり、子どもたちの積極的な行動の喚起を目指してみましょう。

また、教育関係者などがビブリオバトルを導入しようとするときには、子どもたちによる発表内容を教員の立場で評価したり、大人の視点で事前に選ぶ本に制限を設けたり、発表内容についての作文を書かせようとするケースも見受けられます。こういった評価の仕組みを導入すると、途端にビブリオバトルがつまらなく感じ、結果として読書嫌いの子どもたちを生みだしてしまうことにもなりかねません。評価や指導という考え方からはできる限り離れ、子どもたちと同じ目線に立ち、大人たちもいっしょにビブリオバトルを楽しんでみてください。

ビブリオバトルが楽しくなることで、ますます本を読みたくなるというプラスの循環が子どもたちに育まれるために、まずは大人たち自身が、ビブリオバトルの「楽しさ」を実感してみるといいでしょう。　　　　（岡野裕行）

Question

ビブリオバトルのようすをみんなに見てもらうにはどうしたらいいの？

Answer 書店や大学で開催されているビブリオバトルイベントの中には、SNS（ソーシャル・ネットワーキング・サービス）や、YouTube や Ustream などの動画共有サービスを利用して発表のようすをインターネット上に公開しているものがあります。

このようなサービスを利用することはビブリオバトルのようすをよりたくさんの人に見てもらうためにとても有効です。最近では多くのビブリオバトルコミュニティが SNS や動画共有サービスを利用し、ビブリオバトルに関する情報を発信しています。

たとえば、ビブリオバトルの開催予定をツイッターやフェイスブックに投稿して参加者を集めることは、SNSの情報拡散性の高さを活かした有効な利用方法であるといえます。また、ほとんどの SNS には画像投稿機能が備わっていますので、ビブリオバトルのようすを写真に残して SNS で共有すれば、そこに参加することができなかった人たちにも、その場の雰囲気を伝えることができます。さらに、SNS の中には動画共有サービスで配信されている動画を投稿記事に埋めこむことができるものもあります。YouTube にアップロードした過去のビブリオ

バトルの映像アーカイブを紹介するときや、開催中のビブリオバトルの映像を Ustream でリアルタイム配信するときなどに SNS を利用すると、より多くの人にその映像を見てもらうことができます。

　このように便利な機能をもった SNS や動画共有サービスを上手に活用すれば、ビブリオバトルの楽しさの共有範囲が大きく広がります。

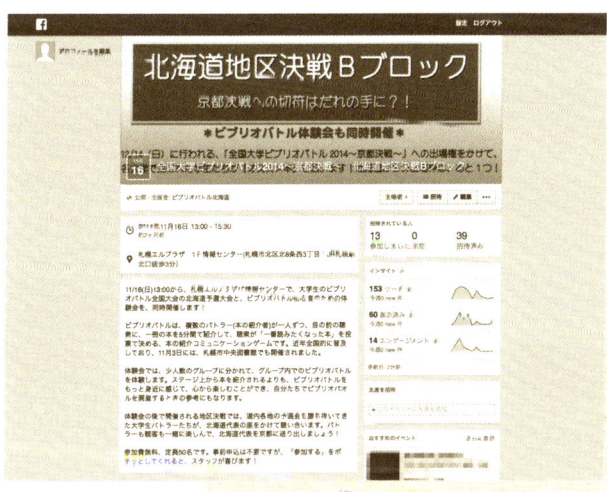

(横井聖宏)

※イベントの写真や動画を撮影して公開する場合は、事前に必ず承諾を得てからおこなうようにしましょう。

Question
ビブリオバトル普及委員会に入るにはどうすればいいの？

Answer

「ビブリオバトルの活動を通してもっと多くの人にビブリオバトルを知ってほしい！」「さらに広くビブリオバトルの楽しさを共有したい！」というあなたには、ビブリオバトル普及委員会への入会をおすすめします。（もちろんビブリオバトルは、ビブリオバトル普及委員会に入会しなくても、公式ルールを守ればだれでも気軽に開催できますので、入会は必須なわけではなりません）

ここで入会前に、次の4つの基準を満たしているか、まず確認してみましょう。

①公式ルールを含めてビブリオバトルを理解している方
②ビブリオバトルの参加経験がある方
③ビブリオバトル開催経験がある、もしくは開催予定がある方
④ビブリオバトルの開催を通して、目的を持ってビブリオバトルの「普及」に携わりたいという方

つまり、ビブリオバトルの開催経験を通してビブリオバトルの楽しさを理解しているか、という基準です。この条件をクリアできていれば入会申し込み[1]をおこないましょう。

入会の際、担当者が直接、またはスカイプなどのウェブ通信を使ってビブリオバトル普及委員会の活動内容を詳しく説明します。質問などはこのときにどしどし出し

てください。

　全国規模のボランティア団体なので、会員同士が直接会って話をする機会はそれほど多くありません。この入会確認の機会を最大限に活用してください。晴れて入会したあなたは「ビブリオバトル普及委員会会員」となります。そして入会後1年間の活動報告をもって「ビブリオバトル普及委員」の名称利用の申請が可能となります。少し長い道のりのように感じますが、ビブリオバトル普及委員会には、積極的に普及活動をする会員もいれば、各地の活動に参加することがメインの会員もいます。どちらも同じくビブリオバトルを楽しんでいる会員ですが、とくに普及に携わる会員に「ビブリオバトル普及委員」と名乗ることを可能としています。[2]

　ビブリオバトル普及委員会は、ビブリオバトルの普及を通して、世の中のコミュニケーションや知識共有、人々のつながりを活性化させることを目的としてボランティアで活動しています。メールやSNSを利用し、会員同士相互に情報交換をおこないながら、地域に根ざした草の根活動でビブリオバトルの魅力を世の中に伝えています。「ぜひ、私も！」というあなたのご入会をお待ちしています。

（海川由美子）

[1] ビブリオバトル公式サイト・入会案内
　　http://www.bibliobattle.jp/nyuukai-fomu
[2] ビブリオバトル普及委員会規約細則第2条（普及委員）
　　http://www.bibliobattle.jp/biburiobatorufukyuu-iin-kai--kiyaku

ビブリオバトルを
より理解するために

「ビブリオバトルとは何か」ということをもっと詳しく知りたい方には、ビブリオバトル発案者の谷口忠大氏が書いた文春新書『ビブリオバトル』（文藝春秋）をおすすめします。歴史からその普及効果まで、ビブリオバトルの全貌が浮かびあがる1冊です。

また、ビブリオバトル普及委員会が編集・執筆に携わったビブリオバトル公式ガイドブック『ビブリオバトル入門』（情報科学技術協会）には、実際にビブリオバトルを楽しむための秘訣が詳細に書かれています。ビブリオバトル研究書としても活用できる本です。

そして、小学生から楽しめるビブリオバトル入門書として、『ビブリオバトルを楽しもう』（さ・え・ら書房）があります。豊富なイラストでわかりやすく、学校現場や図書館などでの開催例がカラー写真で掲載されています。

3冊プラスこのハンドブックを利用して、心ゆくまでビブリオバトルを楽しみましょう。

第5章

マイ ビブリオバトル

ビブリオバトルの記録を記入して、

読書リストとして活用しましょう。

拡大コピーしてつかってもOK！

マイビブリオバトルノート

| 開催場所 | テーマ「　　　　」 | 実施日　年　月　日 |

発表した人	書名	MEMO	チャンプ本
①			
②			
③			
④			
⑤			
⑥			
⑦			

| 開催場所 | テーマ「　　　　」 | 実施日　年　月　日 |

発表した人	書名	MEMO	チャンプ本
①			
②			
③			
④			
⑤			
⑥			
⑦			

| 開催場所 | テーマ「　　　　　」 実施日　年　月　日 |

発表した人	書 名	MEMO	チャンプ本
①			
②			
③			
④			
⑤			
⑥			
⑦			

| 開催場所 | テーマ「　　　　　」 実施日　年　月　日 |

発表した人	書 名	MEMO	チャンプ本
①			
②			
③			
④			
⑤			
⑥			
⑦			

マイビブリオバトルノート

開催場所　　　　テーマ「　　　　　　」　実施日　　年　　月　　日

発表した人	書 名	MEMO	チャンプ本
①			
②			
③			
④			
⑤			
⑥			
⑦			

開催場所　　　　テーマ「　　　　　　」　実施日　　年　　月　　日

発表した人	書 名	MEMO	チャンプ本
①			
②			
③			
④			
⑤			
⑥			
⑦			

| 開催場所 | | テーマ「　　　　　　　」 | 実施日　　年　　月　　日 |

発表した人	書名	MEMO	チャンプ本
①			
②			
③			
④			
⑤			
⑥			
⑦			

| 開催場所 | | テーマ「　　　　　　　」 | 実施日　　年　　月　　日 |

発表した人	書名	MEMO	チャンプ本
①			
②			
③			
④			
⑤			
⑥			
⑦			

マイビブリオバトルノート

| 開催場所 | | テーマ「　　　　　」 | 実施日　年　月　日 |

発表した人	書名	MEMO	チャンプ本
①			
②			
③			
④			
⑤			
⑥			
⑦			

| 開催場所 | | テーマ「　　　　　」 | 実施日　年　月　日 |

発表した人	書名	MEMO	チャンプ本
①			
②			
③			
④			
⑤			
⑥			
⑦			

開催場所		テーマ「　　　　　」	実施日　年　月　日

発表した人	書名	MEMO	チャンプ本
①			
②			
③			
④			
⑤			
⑥			
⑦			

開催場所		テーマ「　　　　　」	実施日　年　月　日

発表した人	書名	MEMO	チャンプ本
①			
②			
③			
④			
⑤			
⑥			
⑦			

あとがき

『ビブリオバトル ハンドブック』はいかがだったでしょうか？

十人ほどの仲間で、ビブリオバトル普及委員会を結成し、京都の片隅で普及活動を開始した2010年春から比べると、ずいぶんとビブリオバトルの知名度も高まってきたように思います。おかげさまで、ビブリオバトルのよき理解者を日本中に持つことができて、発案者としても幸せに感じています。

一方で、新聞やメディアがビブリオバトルの「大会」があれば取り上げくれることもあり、どうも、世の中では、大きな「大会」ばかりがビブリオバトルであるというような誤った理解も広まってしまっているように思います。しかし、そういう大会形式はビブリオバトル文化全体の内のほんの一部です。本書で紹介させていただいたように、街中にはさまざまなビブリオバトルがあります。さまざまな開催スタイルがあります。その多様性こそがビブリオバトルのすばらしい魅力なのだと思います。

さまざまなビブリオバトルが津々浦々で楽しく遊ばれ、新しい時代のビブリオバトル文化が花開いていく。そんな未来へ向けて、少しでも、本書が読者のみなさまのお役に立てば幸いです。　　　　　　　（谷口忠大）